JN085609

ヨヨナム

ヨヨナムのベトナム料理

植松良枝

文化出版局

CONTENTS

ヨヨナムのレシピ

現地でも定番人気

FOOD STALL
ベトナム屋台の料理

炒めものからスープまで

MAIN & SIDE & SOUP
コムビンザンおかず

ハーブと野菜をふんだんに

SALAD
ベトナムの和えもの

具だくさんで楽しむ

POD
ヨヨナムの鍋料理

日本人好みの味に調えた

SPECIALTY

専門店のとっておき料理

たっぷり満足ごはん

RICE & NOODLES

ヨヨナムの米・麺料理

いろいろ甘味

DESSERT

ベトナムのおやつ

［本書の使い方］

・材料表にある分量は以下の通りです。
　大さじ1＝15ml、小さじ1＝5ml

・湯は80℃以上のものを使用しています。

・ぬるま湯は30〜40℃のものを使用しています。

・電子レンジは600Wを使用しています。

・油は特別な指定がないものに関して、くせのない米油を使用しています。

はじめに

「パリの街にあるようなベトナム料理のお店が東京に
あったらいいよね。ベトナム料理はヴァン・ナチュール（ビオワイン）
にもきっと合うと思うんですよ」
オーナーのヤマモトタロヲさんからそんなお話を伺ったのがきっかけで、
ヨヨナムの料理をプロデュースすることになったのが2016年秋のこと。

なんでも、自身が経営されているお店の買いつけでパリを訪れる際、
現地のベトナム料理店を頻繁に利用するのだとか
（とはいってもお店はあくまでもローカルスタイル。ワインと合わせる
お洒落な店構えのベトナム料理店がパリにあるわけではないのですが）。

そんなタロヲさんの妄想を足がかりにあれよあれよという間に
お店が形になっていきます。そして2017年の冬の日、
ヨヨナムはオープンしました。それから数年が経ちますが、
以来たくさんのかたにお越しいただき、
すっかりヨヨゴ（代々木5丁目）の地に根づきました。

そしてこの度、ヨヨナムのレシピが一冊にまとまりました。
ぜひ多くのかたに、野菜たっぷりのヨヨナムの味を
ご自宅でも存分に楽しんでいただけますように。

植松良枝

◆ ベトナム料理の食材図鑑 PART-1

ベトナム料理を作る上で重要となる食材をピックアップ。
調味料の違いで味わいは大きく変わります。

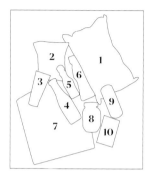

※ 1、2、4、5、6、7、8、10の購入先
→ カルディコーヒーファーム
（https://www.kaldi.co.jp/）

1 米粉麺

米の粉から作られた麺。太さも形状もさまざまだが、平打ち麺がもっともポピュラー。

2 ココナッツチップス

ココナッツの果肉をローストしたもの。甘い香りとカリカリ食感が料理のアクセントに。

3 コンデンスミルク

常温で保存できることから、ミルクのかわりとしてベトナムで広く普及したといわれる。

4 チリソース

唐辛子、にんにく、砂糖、塩、酢だけで作られたソース。辛味、酸味を追加したいときに重宝する。

5 シーズニングソース

大豆を原料とし、たまり醤油に似たコクがある。炒め物やスープがエスニックテイストに仕上がる。

6 ヌクマム

小魚と塩を原料に発酵、熟成させたもの。ベトナム料理における最重要調味料。

7 ライスペーパー

主に春巻きの皮として使用されている。生産国によって厚みもさまざま。本書ではベトナム産を使用。

8 フライドオニオン

赤玉ねぎのスライスをカリカリに揚げたもの。主にトッピングとして使用され、香ばしさが加わる。

9 黒こしょう

ベトナム産のものは高品質とされ、かすかに山椒の香りがし、炒め物などにも頻繁に使われる。

10 ココナッツミルク

ココナッツの内側の胚乳部分を削って絞ったもの。料理にもデザートにも頻繁に使われる。

1 小豆

日本では餡の原料として使われるが、ベトナムではチェーなどに使われている。

2 白いんげん豆

小さく乾燥させた白い豆で、食物繊維が豊富で上品な舌触りと優しい味わいが特徴。

3 干し芋

さつまいもを蒸してスライスし、乾燥させたもの。お汁粉などになじませるとねっとりとした食感に。

4 チアシード

シソ科アキキリ属の植物の種子。プチプチとした食感が楽しい。水でもどすと10〜14倍に膨張する。

5 バジルシード

シソ科メボウキ属の植物の種子。種の色は黒色をしている。水でもどすと30倍に膨張する。

6 緑豆

マメ亜科の植物の種子。ムング豆ともよばれ、もやしや春雨の原料でもある。

7 はとむぎ

熱帯アジア原産。古くから薬膳としても用いられ、美肌効果も期待できるとされている。

8 むき緑豆

緑豆の皮をむいた中身。自然な甘みがあり、ベトナムではおこわや緑豆餡などに広く使われている。

9 蓮の実

でんぷん質が豊富で栄養価が高い。とうもろこしのような風味を持ち合わせている。

10 インディカ米（タイ香り米）

アジア圏で最も食され、インディカ種と呼ばれる米。特にタイのジャスミンライスは香り高く人気。

11 クコの実

ゴジベリーとも呼ばれる赤い実。目にいいとされ、薬膳にもよく用いられる。

12 ドライフルーツ

マンゴーやパイナップル、杏などのほか、ジャックフルーツなど珍しいものもある。

13 タピオカ

キャッサバ芋のでんぷんから作られたもの。もちもちした食感が人気。

14 白きくらげ

漢方では「銀耳（ぎんじ）」と呼ばれ、美肌食材としての効能が期待できる。

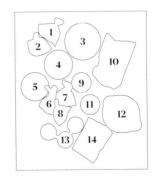

◈ ヌクチャムについて

ベトナム料理を作る上で欠かせない、「味のベース」となる万能だれ。
ヨヨナムのヌクチャムは「すっきり軽やかな甘味」になるよう配合しています。

材料（作りやすい分量）

完成 1/2 カップ強

きび砂糖	大さじ2
ヌクマム	大さじ2
レモン汁	大さじ2
水	大さじ2
赤唐辛子の小口切り	約1本分
にんにくのみじん切り	小1片分

作り方

すべての材料をよく混ぜ合わせる。この配合をベースに好みで甘味や酸味、辛味などのバランスを調整するとよい。

瓶に入れて冷蔵庫で1カ月ほど保存可能。

◈ ヌクチャムの魅力

ベトナム料理らしい味つけはヌクチャムあってこそ。野菜も肉も魚介もフルーツだって受け止めてくれる頼もしい合わせ調味料です。生春巻きや揚げ春巻きのつけだれとして、はたまたサラダのドレッシングとして、じつにさまざまな料理に使われています。

◆ ハーブ・スパイス・柑橘について

レモングラスやコブミカンの葉などの特殊なハーブも国内外で栽培されたものが
インターネットなどの通販から購入しやすくなりました。

1 青じそ

ベトナムでは日本のしそと同じ仲間で、葉が小ぶりで葉の裏が青紫色のものが広く普及している。

2 ミント

すーっと鼻から抜けるような爽やかな香りが特徴。スペアミントを用いるとよい。

3 生姜

爽やかな香りと辛味を持つ。各種料理の臭みとりや風味づけに欠かせない。

4 レモングラス

葉は細く切ってハーブティーに使われるが、料理にはもっぱら茎元のやわらかな部分が使われる。

5 ライム

青々とした清涼感のある華やかな香りが持ち味。熱帯地域を原産とする柑橘類の一種。

6 すだち

ベトナムでよく使われる「チャイン」という柑橘にもっとも近い味わいの果実。

7 香菜（パクチー）

コリアンダーの葉。タイ語の「パクチー」の名前で親しまれ、各種料理に幅広く使用できる。

8 コブミカンの葉

葉の香りは唯一無二。ローリエのように風味づけに使われることが多い。

9 生赤唐辛子

辛味はもちろんのこと、うま味もある。生の状態で冷凍保存しておくとよい。

10 バジル

甘く爽やかで深みのある香りが特徴。本書では「スイートバジル」を使用。

11 ディル

魚介との相性がよく、ベトナム北部の料理で目にすることが多い。噛むとほんのり甘みが感じられる。

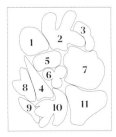

※**4**、**8**、**9**は凍ったまま刻んで使えるので冷凍してストックしておきたいハーブ。

ワインと一緒にベトナム料理を
── ベトナム料理の新しい楽しみ方

ヨヨナムにはベトナム料理にぴったりの
自然派ワインが用意されています。

ワインの中でも自然派ワインは、特に野菜やハーブとの相性がよく、
それらをふんだんに使い、甘みや酸味が複雑に折り重なる
ベトナム料理にこそ、じつはお似合い。

発酵調味料とも相性がよいので、
ヌクマムベースの味つけにもぴったりと寄り添います。

ヨヨナムのレシピ

—

現地で人気の屋台料理や豊富なおかずが並ぶ
コムビンザン（大衆食堂）料理など。
独自にアレンジしたヨヨナムスタイルの
レシピを紹介します。

カラフル野菜と蒸し鶏の生春巻き

きっちり巻かれた野菜とハーブの香りが口の中でパツン！ と弾けます。
アーモンドバターのソースを添えるのがヨヨナムスタイル。

材料（8本分）

ライスペーパー —————————— 8枚
【具材】
蒸し鶏（作り方▶ p.81）
　（手で細く裂く）————————— 100g
グリーンリーフレタス（手のひら大にちぎる）
　—————————————————— 6〜8枚
ズッキーニ（千切り）————————— 1/2本
きゅうり（千切り）—————————— 1本
いんげん（10cm長さに切る）————— 8本
ゆでたアスパラガス（細め）
　（10cm長さに切る）———————— 4本
パプリカ（赤や黄）（太め千切り）—— 各小1個
青じそ —————————————— 大8枚

スペアミント —————————— 約15g
※好みでゆでた菜の花や紫キャベツ、紅芯大根など
　季節の野菜を加えてカラフルに

【アーモンドソース】
（作りやすい分量）→混ぜ合わせるだけ
アーモンドバター（無糖）または
　ピーナッツバター（無糖）————— 40g
たまり醤油 ——————————— 大さじ1
ヌクマム ———————————— 大さじ1/2
きび砂糖 ———————————— 大さじ1
水 ——————————————— 大さじ1
酢 ——————————————— 小さじ2

作り方

1 ライスペーパーはぬるま湯にさっとくぐらせてもどし、かたくしぼった清潔なふきんの上に置き、手前2cmを折り返しておく。

2 生春巻きの巻き終わり付近に青じそを裏返しにしておく。

3 手前2cmを折り返したその上に、すべての野菜をバランスよくのせ、蒸し鶏を1/8量のせる。手前からしっかりとひと巻きし、次に皮の左右を内側に折りたたみ、具が広がらないようにきっちりと最後まで巻いていく。

③

食べ方

食べるときにはアーモンド（ピーナッツ）ソースを適量つけていただく（好みでさらにチリソースを加えてもよい）。生春巻きどうしがくっつかないよう、各種ハーブやレタスを間にはさみながら盛りつけるとよい。

チャーゾー（揚げ春巻き）

小さく小さく巻いて野菜で包んで口に頬張る。
熱々揚げものと冷たい野菜の温度差も楽しい大人気メニュー。

材料（約30本分）

ライスペーパー ——————— 約10枚

A
- 豚ひき肉 ——————— 200g
- 乾燥きくらげのみじん切り ——————— 6g
  （水でもどして約35g）
- 春雨 ——————— 20g
  （水で10分ほどもどして 1cm長さに切る）
- 玉ねぎのみじん切り ——————— 中1/4個分
- にんじんのみじん切り —— 20g
- 溶き卵 ——————— 1/2個分
- 香菜の根のみじん切り ——————— 1〜2本分
- 粗びき黒こしょう — 小さじ1/2
- ヌクマム ——————— 小さじ1
- 塩 ——————— 少々

ヌクチャム　揚げ油 ——————— 各適量

【つけあわせ】
野菜（サラダ菜、香菜、青じそ、 スペアミント） ——————— 各適量
なます（作り方▶p.81） ——————— 適量

作り方

1 Aの材料をすべてボウルに入れ、よく混ぜ合わせて肉だねを作る。

2 ライスペーパーを水にさっとくぐらせて数十秒おき、曲げても折れない程度のかたさになったら、キッチンばさみで3等分に切り分ける。

3 2の弧の部分を奥にし、1の1/30を俵状にのせてひと巻きし、両端を内側に折りたたみ、そのままくるくると転がす。これを30本作る。

4 フライパンに深さ7mmまで揚げ油を入れて中温で熱し、3を間隔をあけて入れる（揚げはじめはライスペーパーどうしがくっつきやすいので、箸でおさえながら揚げるのがポイント）。揚げ色がつくまで途中転がしながらじっくり揚げる。

食べ方

サラダ菜を手のひらにのせ、揚げ春巻きと青じそや香菜、ミントなどをのせて包み、ヌクチャムやチリソースをつけていただく。

②

③

④

バインクォン（蒸し春巻き）

蒸気の上った鍋に布をピンッと張り、米粉を溶いた液体を広げて蒸す
ぷるぷる生地は、なんとフライパンでも作れるんです。

材料（約10枚分）

【生地】

バインクォン用米粉ミックス（市販品）	160g
片栗粉	40g
水	500ml
油	小さじ2
塩	ふたつまみ

【フィリング（きくらげと豚ひき肉の炒め）】
1本につき　25g目安

A	豚ひき肉	250g
	生姜のみじん切り	小1片
	玉ねぎのみじん切り	50g（1/4個）
B	乾燥きくらげのみじん切り	7g（水でもどして約40g）
	小ねぎの小口切り	大さじ3〜4
シーズニングソース		小さじ2
油		小さじ1
塩、粗びき黒こしょう		各少々

【トッピング】

フライドオニオン	適量
ヌクチャム（2対1が目安）	適量

準備

直径24cmのテフロン加工のフライパンと、清潔な水の入ったスプレーを準備しておく。

作り方

1 【生地】の材料をよく混ぜ合わせておく。

2 【フィリング】を作る。熱したフライパンに油をひき、Aを炒め、香りが立ってきたらBを加え、シーズニングソースと塩こしょうで味つけし、バットに取り出して粗熱をとっておく。

3 熱したフライパンに薄く油（分量外）をひき、生地を1枚分流し入れてフライパンいっぱいに広げたら、生地の表面に霧をふき、中央に横一直線にフィリングを1/10量のせる。

4 焼き色がつかないように、霧をふきつけながらごく弱火で蒸し焼き状態にする。生地が半透明になってきたら菜箸で端を持ち上げてくるくると丸め、皿にのせる。

5 キッチンバサミで食べやすい長さに切り分け、ヌクチャムとフライドオニオンをかける。

③

④

④

バインセオ

黄色く見えるのは卵ではなくターメリック。
油を多めに使って香ばしくカリッと焼き上げて。

材料（2枚分）

【生地】

バインセオ用米粉ミックス
　（市販品）───── 200g
ターメリック ───── 9g
塩 ───── 7g
小ねぎの小口切り ── 大さじ1
ココナッツミルク ──── 500ml
水 ───── 450〜500ml

【具材】

豚小間切れ肉（2cm幅に切る）
　───── 約80g
むきえび（背ワタをとる）── 8尾
玉ねぎ ───── 1/4個
　（2mm厚さのごく薄切り）
もやし ── ふたつかみ（約100g）
あればむき緑豆（ゆでたもの）
　───── 適量
塩 ───── 少々
油 ───── 適量

【トッピング】

サラダ菜、バジル、ミント、香菜、
　なます（作り方▶p.81）── 各適量

【ソース】

ヌクチャム（少し水で薄めたもの）
　チリソース ───── 各適量

作り方

1 【生地】の材料をよく混ぜ合わせておく。豚肉と海老に塩をふって下味をつけておく。

2 熱したフライパン（直径26cm）に油を小さじ1ひき、豚肉とえびを表面の色が変わるまで炒めて取り出す。

3 2のフライパンをさっとふき、再び熱したら油を大さじ1強ひき、生地をしっかりと混ぜながら半量流し入れ、生地が均一になるようにフライパンの側面まで広げる。

4 弱火にして、緑豆を散らして片側に2を半量広げたら、その上に玉ねぎともやしを半量ずつのせる。途中、フライパンの縁に油を流し入れ、生地がカリッと焼き上がるまで焼く（約5分）。

5 半分に折りたたんで皿にのせ、トッピングを添える。

食べ方

バインセオを食べやすい大きさに切り分ける。手のひらにサラダ菜をおき、好みのハーブ、なます、バインセオの順にのせてソースをかけ、くるっと巻いていただく。

②

④

④

ライスペーパーピッツァ

夜の屋台を定点観測していると出会える
ベトナムのピザ屋さん。炭火で焼かれる
ライスペーパー　香ばしさは格別でした。

材料（4枚分）

ライスペーパー ——————— 4枚
＊鶏そぼろ ———— 全量（下記参照）
桜えび —————————————— 12g
小ねぎの小口切り ———— 大さじ4
溶き卵 ————————————— 2個分
バター —————————— 約大さじ1

＊鶏そぼろ

熱したフライパンに油を適量ひき、
鶏ひき肉200gを炒め、色が変わっ
てきたらヌクマム小さじ1と粗びき
黒こしょう少々で味つけする。

作り方

1 溶き卵、鶏そぼろ、小ねぎを混ぜ合わせておく。

2 焼き網を弱火で熱し、ライスペーパーをのせ、バター1/4量を散らしたら**1**の1/4量を広げる。

3 桜えび1/4量を散らし、トングでライスペーパーの縁をつまんで時々回転させながらまんべんなく焼く。

4 ライスペーパーが反り返って焼き色がつき、全体に火が入ったら、半分に折って火からおろす。同様に残り3枚を焼く。

※焼き網がない場合、鉄製のフライパンで作ってもよい。

イカと里芋と
ディルの揚げ団子

北部のハロン湾で出会った思い出の味がベース。
ディルの香りがイカとよく合い、
里芋が全体をまとめます。

材料（約10〜12個分）

里芋 ——————— 2〜3個（正味150g）
イカの胴 ————————————— 200g
　ディル　1パック（15〜20g）
　　（飾り用に少量残し、
　　　残りは茎ごと細かく刻む）
A　塩 ——————————— 小さじ1/3
　粗びき黒こしょう ― 小さじ1/2
　にんにくのみじん切り
　　　　　　　　　　———— 1/2片分
揚油 ——————————————— 適量
ライム（またはすだち）——— 適量

作り方

1 里芋は皮をむき、千切りにする（水にはさらさない）。イカは皮をむいてぶつ切りにし、フードプロセッサーでミンチ状にする。

2 **1**のイカをボウルに入れ、**A**を加えてよく混ぜ合わせる。**1**の里芋も加えてなじむまでよく混ぜ合わせる。

3 揚油を180℃に熱し、ラグビーボール型のひと口大にした**2**を入れ、表面がうっすら色づくまで揚げる。塩、粗びき黒こしょう（各分量外）、搾ったライムを混ぜたソースでいただく。

炒めものからスープまで

MAIN &
SIDE & SOUP
—
コムビンザンおかず

焼きなす ベトナム風

焼きなすにこんなにもミントが合うなんて！
ふっくらとしたなすが手に入る時期には何度でも作りたくなります。

材料（3〜4人分）

なす	6本
小ねぎの小口切り	3本分
フライドオニオン（市販品）	適量
油	大さじ3
塩	少々
ヌクチャム	適量
スペアミント	20〜30g
バジル	1〜2枝

作り方

1 なすはがくをむき、ヘタをつけたまま、焼き網または魚焼きグリルに並べて10分ほど真っ黒になるまで焼く。ボールを逆さにかぶせてふやかしてから皮をむく。縦半分または4等分に切ってから食べやすい長さに切って皿に並べる。

2 ヌクチャムを1の上にかける。

3 小さめのフライパンに油を熱し、香りが立ってきたら小ねぎを加えて油を吸わせるように炒め合わせ、ところどころ香ばしく焼き色がついてきたら塩少々を加え、火からおろし、フライドオニオンを混ぜる。

4 焼きなすの上に3をかけ、たっぷりのスペアミントとちぎったバジルを散らす。

とうもろこしの ヌクマムバターソテー

とうもろこしをヌクマムバターで味つけするのが
ベトナムスタイル。焼きつけるようにして作ると
一層の香ばしさが加わります。

材料（2人分）

とうもろこし	1本
香菜（1cm幅ざく切り）	適量
油	小さじ2
ヌクマム	小さじ1と1/2
バター	小さじ2

作り方

1 とうもろこしは実を外す。

2 熱したフライパンに油をひき、**1**を広げ、中火で動かさずに焼き色をつける。

3 ヌクマムを加えて炒め合わせたら火を止めてバターの半量と香菜をなじませる。皿に盛りつけ、残りのバターを添え、よく混ぜていただく。

豚肉と高菜、トマトの
コムビンザン炒め

コムビンザンでよく出会う、
青菜の漬けものを使った炒めもの。
発酵食品のうま味と酸味が調味料の役割をしてくれます。

材料（2人分）

豚小間切れ肉 ―――――――	120g
ミディトマト ― 2〜3個（約250g）	
野沢菜漬け ―――――――	120g
厚揚げ ――――――― 1枚（約200g）	
にんにくのみじん切り ― 小さじ1/2	
生姜のみじん切り ――――― 1片分	
シーズニングソース ――― 小さじ2	
油 ――――――――― 大さじ1	
きび砂糖 ――――――――― 少々	

作り方

1 豚肉は2cm長さに切る。トマトはひと口大に切る。野沢菜は軽く水気を絞ってから2cm長さに切る。厚揚げは縦半分に切ってから1.5cm厚さに切る。

2 熱したフライパンに油をひき、にんにくと生姜、豚肉を炒め、豚肉の色が変わったら野沢菜とトマトを炒め合わせる。トマトの角が取れてきたら厚揚げも加えて1〜2分炒め煮し、シーズニングソースときび砂糖で味つけする。

ティット コー チュン
（豚の角煮）

カラメルを加えるのがベトナムスタイル。
意外にも味はあっさりしていて、
アジアの米との相性が抜群です。

材料（4～6人分）

豚バラかたまり肉	—	600g～800g
ゆで卵	—	6～8個
	ヌクマム	大さじ4
	醤油	大さじ1
A	きび砂糖	大さじ2
	つぶしにんにく	2片
	玉ねぎ	1/4個
	（2cm厚さのくし切り）	
黒こしょう（ホール）	—	小さじ2
グラニュー糖	—	大さじ2
水	—	大さじ1
湯	—	600ml

作り方

1 鍋にたっぷりの湯（分量外）を沸かす。豚バラ肉は厚さ3cmに切り、大きさがそろうように適当な大きさに切ったら湯の中に入れ、7～8分下ゆでし、ざるにあげておく。

2 煮込み用の鍋にグラニュー糖と水を入れて中火にかけ、鍋を傾けてゆすりながらカラメルを作る。分量の湯を加えてひと煮立ちさせたら**A**をすべて加え、豚肉も加えて落としぶたをし、弱火で1時間半ほど煮こむ（途中ゆで卵を加えて煮る）。

鶏のレモングラス炒め

レモングラスチリオイルとレモングラス。
シンプルな素材の組み合わせでも
贅沢に香ります。

材料（2人分）

鶏もも肉（皮なし）——— 約250g
粗びき黒こしょう ——— 適量
玉ねぎ ——— 中1個

A
　にんにくのみじん切り
　——— 小さじ1
　生姜のみじん切り—— 小さじ2
　レモングラスの茎 − 1〜1.5本分

油 ——— 大さじ1

B
　レモングラスチリオイル
　（作り方 ▶ p.83）− 小さじ1〜
　ヌクマム ——— 小さじ1
　シーズニングソース— 小さじ1

作り方

1 鶏肉はひと口大のそぎ切りにし、ヌクマムとシーズニングソース、粗びき黒こしょう各適量（分量外）をもみこんで下味をつけておく。レモングラスはやわらかな部分を斜め薄切りにする。玉ねぎは2cm幅のくし切りにする。

2 熱したフライパンに油をひき、鶏肉を広げ入れて動かさずに2分ほど焼く。片面に香ばしい焼き色がついたらAを入れて炒め、香りが立ってきたら玉ねぎを加えて玉ねぎが透き通ってくるまで炒め合わせる。

3 Bで味つけし、皿に盛りつける。

トマトの肉詰め煮

フランス料理のトマトのファルシ（詰め物）から着想を得た料理だと推測。
味つけは不思議と白いごはんに合う味に着地しています。

材料（6個分）

豚小間切れ肉	300g
トマト（中玉／約150g）	8個
玉ねぎのみじん切り	大1/4個分
塩	小さじ2/3
こしょう	小さじ1/2
油	大さじ1と1/2
片栗粉	適量
にんにくのみじん切り	1片分
生姜のみじん切り	1片分

	ヌクマム	大さじ2
A	シーズニングソース	小さじ1
	きび砂糖	小さじ1

作り方

1 トマト6個はヘタの下を水平に切り、皮の内側（周囲）に包丁で切り目を入れ、中をスプーンでくり抜く。残りのトマト2個、くり抜いた中味とヘタの周りの果肉は煮込み用に細かく刻んでとっておく（あわせて約2カップになるようにする。足りなければ水を足しておく）。豚肉は刻んで粗いひき肉状にする。

2 ボウルに豚肉、玉ねぎ、塩、こしょうを加えてよく混ぜ合わせたら、**1**のトマトにしっかりと詰める。フライパンを熱して油（大さじ1/2）をひき、トマトの切り口に薄く片栗粉をはたき、切り口を下にして焼き色がつくまで2分ほど焼き、いったん取り出す。

3 **2**に油（大さじ1）を足し、にんにく、生姜を中火で炒め、香りが立ってきたら刻んだトマトを加えてなじませる。7〜8分ほど煮つめてソース状になってきたら**A**で味つけし、**2**を戻し入れてふたをし、途中上下を返しながら弱火で10分程度煮る。

カーコートー
（魚の煮つけ）

ごはんの上にのせ、煮汁をかけながら
食べるのが最高の食べ方。

空芯菜炒め

空芯菜のおいしさがいちばん
よくわかる定番の炒めものです。

カーコートー（魚の煮つけ）

材料（2～3人分）

白身魚（サワラがおすすめ）
——————— 2切れ（約250g）
レモングラスのみじん切り
——————————— 大さじ1
にんにくのみじん切り —— 小1片分
油 ————————————— 小さじ2

A
　ヌクマム ——————— 小さじ1
　きび砂糖 —————— 小さじ1
　粗びき黒こしょう — 小さじ1/3

B
　ヌクマム ——————— 大さじ2
　きび砂糖 —————— 大さじ1
　生姜の皮 ——————— 適量
　赤唐辛子 ——————— 1本

作り方

1 魚は3等分に切ってAをもみこみ、20分ほどおく。レモングラスは白い部分をごく薄い輪切りにしてからみじん切りにする。

2 煮込み用の小鍋ににんにくのみじん切りと油を入れて中火にかけ、にんにくが色づいたらレモングラスも加えてさっと炒める。

3 別の小鍋にきび砂糖大さじ3（分量外）を入れて中火にかけ、小鍋を回してゆすりながら濃いめのキャラメル色になるまで焦がし（スプーンで混ぜると結晶化するので注意）、低い位置から湯1/2カップ（分量外）を注ぎ入れてカラメル湯を作る。これを**2**に加え、再び煮立ったら魚を入れ、**B**を加える。

4 煮汁がとろっとし、鍋底に残る程度になるまで煮汁を回しかけながら20分ほど煮る。

空芯菜炒め

材料（2～3人分）

空芯菜 ——————— 2把（300g）
つぶしにんにく ————— 大1片分
ヌクマム　シーズニングソース
——————————— 各小さじ1/2強
油 ————————————— 大さじ1強

作り方

1 空芯菜の長さを4～5等分に切り、葉の部分は別にしておく。

2 深めのフライパンに油とにんにくを入れて中火にかける。にんにくがきつね色に色づいてきたら空芯菜の茎の部分を入れてさっと炒め、湯（分量外）をひたひたに注いで火力を最強にして煮立たせる。茎がやわらかくなるまで1分程度そのまま煮る（途中で葉の部分も加える）。

3 フライパンを傾けて**2**の湯をすべて捨て、さらに水分を飛ばすように炒めたらヌクマムとシーズニングソースで調味する。

冬瓜とえびのスープ

ほの温かい温度でごはんと合わせながらいただきます。
冬瓜のほか、モロヘイヤや白ゴーヤーなども合います。

材料（4人分）

冬瓜	1/8個（正味350〜400g）
むきえび	80g
酒	小さじ1
塩	少々
片栗粉	小さじ1
生姜のみじん切り	1片分
油	小さじ2
水	800ml
ヌクマム	大さじ1と1/2
粗びき黒こしょう	適量

作り方

1 冬瓜の種とワタを丁寧に取り除いて皮をむき、1.5〜2cm角に切る（皮はあまり厚くむかず、黄緑色の部分を残すようにむくと色がキレイに仕上がる）。えびは包丁で粗くたたき、酒、塩、片栗粉をもみこんでおく。

2 鍋に油をひいて熱し、生姜を炒め、香りが立ってきたら冬瓜を加えてさっと炒める。

3 水を入れて煮立ったら中火にし、冬瓜がやわらかくなるまで6〜7分煮る。

4 えびを加えて1分程度煮てヌクマムで味つけする。器によそい、粗びき黒こしょうをふる。

長芋と豚肉団子のスープ

長芋のあっさりとしたとろみが心地よく、
細かく刻んだ香菜（パクチー）がよいアクセントに。

材料（4人分）

長芋	300g
水	800ml
豚ひき肉	150g
塩	少々
ごま油	小さじ1/2
ヌクマム	大さじ1と1/2
香菜のみじん切り	適量
粗びき黒こしょう	適量

作り方

1 長芋はピーラーで皮をむき、厚手
のビニール袋に入れて好みの細か
さになるまで叩く。

2 豚ひき肉に塩とごま油を加えて練
り混ぜる（あれば香菜の根適量を
香りづけに加えると風味がアッ
プ）。

3 鍋に分量の水を沸かし、**2**をひと
口サイズの団子状に指先でまとめ
ながら落とし入れる。

4 肉団子の色が変わったら**1**を加え
てひと煮立ちさせ、火を弱めて
2〜3分煮、ヌクマムで味つけする。
器によそい、粗びき黒こしょうと
香菜を散らす。

ハーブと野菜をふんだんに

SALAD

ベトナムの和えもの

青いパパイヤの
サラダ

ほかの野菜では代用が難しい
シコシコとした独特の食感が魅力の
青パパイヤのサラダ。

焼きホタテと
柑橘のサラダ

ベトナムではザボンという柑橘を
使ったサラダが一般的。

青いパパイヤのサラダ

材料（2〜3人分）

青いパパイヤ ———————— 小1/2個
無頭殻付きえび ———————— 4〜6尾
塩 ———————————————— 適量
【味付け】
ヌクチャム ———————— 大さじ3
【トッピング】各適量
えびせん（揚げ油で素揚げしたもの）
———————————————— 4〜6枚
ローストピーナッツ
　（粗く刻んだもの）— 1/4カップ強
香菜 ———————————————— 適量

作り方

1 青パパイヤは種を除き、皮をピーラーでむいてから千切りにする（スライサーで2mm厚さにスライスしてから重ねて千切りにするとよい）。

2 小鍋に湯をわかし、塩を入れ、背ワタを抜いたえびを殻付きのまま1分程度塩ゆでして取り出し、粗熱がとれたら尾と殻をむき、半分の厚さに切る。

3 1を深めのボウルに入れてヌクチャムを回しかけたらめんぼうなどで上から突き、パパイヤの繊維をつぶしてしっかりとなじませる。えびを加えてさっと和えたら器に盛り、トッピングを散らす。

焼きホタテと柑橘のサラダ

材料（2〜3人分）

ホタテ ———————————— 4〜6粒
ホタテ貝ヒモおつまみ（市販品）
———————————————— 約10g
セロリ ———————— 1本（正味70g）
グレープフルーツ（むきみ）
———————————————— 約200g
バジル（細切り） ———————— 3〜4枚
ヌクチャム ———————— 大さじ2
粗びき黒こしょう ———————— 適量
ディル ———————————————— 2〜3枝

作り方

1 熱したフライパンに油適量（分量外）をひき、塩こしょう少々（分量外）をふって表面に小麦粉適量（分量外）をはたいたホタテを並べ、両面に香ばしい焼き色がつくまで焼く。粗熱がとれたら4等分に手でほぐす。

2 セロリは斜め1〜2mm厚さのスライスにする。貝ひもは2〜3cm長さに切り、グレープフルーツの果汁に浸してやわらかくしておく。

3 ボウルにセロリ、食べやすくほぐしたグレープフルーツと貝ひも、焼きホタテ、細切りのバジルを加えたらヌクチャムでマリネし、粗びき黒こしょう、ディルを散らす。

白菜とサキイカ、
キウイフルーツのサラダ

さきいかとヌクチャムのうま味をまとった
白菜のサラダ。
酸味のあるフルーツをアクセントに。

材料（2～3人分）

白菜 ──────────── 120g
サキイカおつまみ（市販品）── 20g
キウイフルーツ
　（酸味の強いかためのもの）─ 1個
ヌクチャム ──────── 大さじ2～3
ローストピーナッツ
　（粗く刻んだもの）──────適量
フライドオニオン ────────適量

作り方

1 白菜は葉と軸に分け、葉は1～2cm幅にざく切り、
軸は食べやすい長さの薄切りにする。サキイカは太
いものは手で細く割き、3cm程度の長さに切って
おく。キウイフルーツは皮をむき、縦半分に切って
から1cm厚さに切る。

2 ボールに**1**を入れ、ヌクチャムを回しかけてさっと
和えて器に盛り、ピーナッツとフライドオニオンを
散らす。

りんごとカシューナッツの ベトナム風サラダ

蒸し鶏やりんごなどを、
クミンとヌクマムでまとめます。
ヨヨナムでは秋冬に人気のサラダです。

材料（2〜3人分）

蒸し鶏（作り方▶ p.81）—— 120g
ローストカシューナッツ（無塩）
　半割にする ———————— 50g
香菜 ————————————— 20g
セロリ ———————————— 30g
紫玉ねぎ ——— 中1/6個分（30g）
水菜 ————————————— 60g
りんご（あれば紅玉）—— 80〜100g
エスニッククミンドレッシング
　（作り方▶ p.81）————— 適量

作り方

1　ドレッシングの材料をすべて混ぜ合わせておく（ターメリックは入れすぎると苦味が出るので注意）。蒸し鶏は食べやすい大きさに手でさく。

2　杳菜と水菜は3cm長さ、セロリは斜め2mm厚さの薄切り、紫玉ねぎは2mm厚さの薄切りにして水にさらして辛みを抜き、水気をふく。りんごはくし切りにしてから皮ごと薄切りにする。

3　ボウルにすべての具材を入れ、エスニッククミンドレッシングで和える。

パイナップルキャベツサラダ

ローストココナッツのトロピカルな風味が全体をまとめます。
好みのハーブや野菜をプラスして楽しんでもよい。

材料（2〜3人分）

紫玉ねぎ ———— 1/4個（50g）
カットパイン ———— 4個（約80g）
小ねぎ ———————— 2本
キャベツ ———————— 150g
ヌクチャム ———— 大さじ3〜4
【 トッピング 】
ココナッツチップス —— 15〜20g
ローストピーナッツ
　（粗く刻んだもの）—— 大さじ3

作り方

1　紫玉ねぎは2mm厚さの薄切りにし、水にさらして辛味を抜き、水気をふく。カットパインは3mm厚さの薄切りにする。小ねぎは2〜3cm長さに切る。キャベツは太めの千切りにする。

2　ボウルに1を入れ、ヌクチャムを加えてさっくりと和えて器に盛り、ココナッツチップスとローストピーナッツを散らす。
※好みで青じそやバジルの細切り、クレソンや香菜のざく切りなどを加えてもよい。

南国風キャロットラペ

キャロットラペをパッションフルーツの
酸味で。生ハムなどの
シャルキュトリーにも合います。

材料（作りやすい分量）

にんじん ——— 1本（正味約180g）
塩 ————————— 小さじ1/2
パッションフルーツ ——— 小2個
酢 ————————————— 適量
ココナッツチップス（市販品）
————————— 約20g（好みで）

作り方

1 にんじんをスライサーなどで2mm厚さにスライスしてから千切りにし、ボウルに入れて軽く塩をもみこんで5〜6分ほどおく。パッションフルーツは半分に切ってスプーンで果肉を取り出しておく。

2 1のにんじんの水分をぎゅっと絞ってほぐし、ボウルに入れ、パッションフルーツと酢少々を加えてよく和える。すぐに食べてもおいしいが、3〜4日冷蔵庫で日持ちし、味もなじんでくる。好みで食べる直前にココナッツチップスを加えてさっと和える。

具だくさんで楽しむ

POD

—

ヨヨナムの鍋料理

ヨヨナムの薬膳きのこ鍋

ポルチーニのだしを加えたヨヨナム特製スープベース。
オリエンタルハーブが湯気からふわっと香ります。

材料（3〜4人分）

【 ベース 】

鶏ガラスープ ———————————— 1200ml
カー（タイ生姜）または
　生姜の薄切り（皮つき）———————— 15g
コブミカンの葉
　（手でちぎって切り込みを入れる）— 2〜3枚
レモングラス
　（つぶしてから斜めにスライス）——— 1/2本
粗びき黒こしょう ———————————— 小さじ1/2
クコの実 ——————————————————— 小さじ1
にんにく（しっかりとつぶす）————— 2片
ヌクマム ———————————————————— 50ml
香菜の根（しっかりとつぶす）——— 2本分
乾燥ポルチーニ ———————————————— 5g

【 具材 】

きのこ各種（ブラウンえのき、しめじ、
　はなびらたけ、生きくらげ、エリンギなど）
　石づきがあるものは切り落とし、
　食べやすいサイズに切り分ける。
れんこん
　（1〜2mm厚さのごく薄切り）———— 60g
クレソン
　（食べやすい長さに切る）——————— 2把
青梗菜など
　（食べやすい長さに切る）——————— 1株
木綿豆腐（ひと口大に切る）————— 1/2丁
炒り白ごま（豚肉などの上に散らす）— 適量
豚バラ薄切り肉 ————————————— 200g

【 雑炊 】

ごはん（ジャスミンライスがおすすめ）
ココナッツチップス

作り方

1 乾燥ポルチーニをぬるま湯1/2カップ（分量外）に浸して
10分ほどもどし、汁ごと鶏ガラスープの中に入れて煮立たせ、
その他のベースの材料もすべて加えてごく弱火にしておく。

2 具材をすべて用意し、彩りよく並べる。まず豚肉を適量入
れて火を通し、その後好みの具材を適量加えて火の通った
ものからいただく。

3 残ったスープにごはんとココナッツチップスを適量入れて
なじませ、雑炊にしていただく。
※スープが途中少なくなったら湯とヌクマムを適量加えるとよい。

ラウタップカム（ベトナム五目鍋）

トムヤムベースのスープにパイナップルやトマトの甘みと酸味。
暑いときこそ食べたいベトナム南部の鍋。

材料（3〜4人分）

【ベース】

鶏ガラスープ ———————————— 1000ml
香菜の根 ————————————— 2〜3本分
　（しっかりとつぶす）
にんにく ———————— 2片（しっかりとつぶす）
生姜の薄切り（皮つき）———————— 10g
タマリンドペースト ———————————— 40g
トムヤムペースト ———————————— 40g
シーズニングソース ———————————— 小さじ1
きび砂糖 —————————————— 小さじ2〜3

【具材】

白菜（ひと口大に切る）———————— 2枚
カットパイン（薄切り）——————— 6〜8個
ミディトマト
　（縦半分に切ってから薄切り）——— 2〜3個
ヤリイカ
　（皮をむいて下処理し、輪切り）——— 2杯
えび（尾を残して殻をむき、背ワタを除く）
　———————————————— 6〜8尾
豚ロースしゃぶしゃぶ用薄切り肉
　（2等分に切る）—————————— 200g
うずらのたまごの水煮 ——————— 6〜8個
生きくらげ（石づきを切り落とし、3等分に切る）
　———————————————— 3〜4枚
砂肝
　（下処理したもの／薄切り）———— 適量
青梗菜（ひと口大に切る）——————— 1株
カリフラワー（5mm厚さのスライス）—— 4房
香菜（根元を切り落とす）——————— 1把
油揚げ
　（厚焼きタイプをひと口大に切る）— 1/2枚

作り方

1　鶏ガラスープを煮立たせ、その他のベースの材料もすべて
　加えて弱火にしておく。

2　具材をすべて用意し、彩りよく並べる。まず豚肉や魚介類
　を適量入れて火を通し、その後好みの具材を適量加えて火
　の通ったものからいただく。

3　残ったスープには別ゆでした中華麺やぬるま湯でもどした
　フォーを加えてヌードルスープを楽しんで。
　※スープが途中少なくなったら湯と各種調味料を適量加えるとよい。

ベトナム風鶏鍋

ハノイの美味なる鶏鍋専門店の味のベースは発酵中のもち米酒。
日本で手に入る食材で思い出の味をようやく再現できました。

材料（4人分）

鶏骨つきぶつ切り肉 ——— 800g
九条ねぎ ——————— 1束
春菊、クレソン、香菜 —— 各適量
【 スープ 】
水 ————————— 1000ml
玄米甘酒 ———— 200〜300ml
紹興酒 ————————— 100ml

すだち（またはライム）、塩、
　粗びき黒こしょう、
　ビーフン（ゆでたもの）— 各適量

作り方

1　塩漬けした鶏肉はさっと水洗いする。九条ねぎは斜め薄切りにする。春菊はやわらかな葉の部分を摘み取って使用する。クレソン、香菜は2〜3等分に切る。

2　骨つき肉を土鍋に入れ、スープのすべての材料を入れて火にかけ、煮立ったらアクを除き、弱火で約20分煮る。1の野菜も入れ、火の通ったものからいただく。

下準備

鶏肉は重量の2％の塩（分量外）で塩漬けし、冷蔵庫でひと晩以上おく。

食べ方

取り皿とは別の小皿を用意し、塩、こしょう、柑橘汁各適量を混ぜ合わせてソースを作り、肉をつけて食べる。ソースをスープの中に適量加えて味を変化させてもよい。

途中でゆでたビーフン（そうめんでもよい）を取り皿に適量入れ、熱々のスープを注いで楽しむこともできる。

日本人好みの味に調えた

SPECIALTY

—

専門店のとっておき料理

チャーカー
（白身魚とディルの揚げ焼き）

白ワインといっしょに味わいたいハノイ料理。
魚の揚げ焼きにたっぷりのディルとねぎをさっと合わせる禁断の味わい。

材料（2人分）

白身魚切り身（サワラがおすすめ）
———————— 2〜3切れ（300g）

A
ヌクマム ———————— 小さじ2
粗びき黒こしょう — 小さじ1/2
ターメリックパウダー
———————— 小さじ1と1/2

油 ———————————— 大さじ2

【 野菜とハーブ 】
小ねぎ（3〜4cm長さに切る）
———————————————— 1/2束
クレソン（3〜4cm長さに切る）
———————————————— 2束
ディル（ざく切り）———— 30〜40g

【 トッピング 】
ローストピーナッツ（粗く刻んだもの）、
香菜（ざく切り）———— 各適量

ゆでビーフン（またはゆでそうめん）、
ヌクチャム ———————— 各適量

作り方

1 魚を皮つきのままひと口大に切り分け、**A**を下味としてもみこんでおく。【 野菜とハーブ 】はそれぞれ刻んで合わせておく。

2 平鍋またはフライパンに油を入れて熱し、**1**の魚半量を広げて2〜3分焼いて裏返す。さらに2分ほど焼いたら中央を空け、【 野菜とハーブ 】の1/2量をこんもりとのせ、全体をさっと炒め合わせる。

食べ方

魚にしっかりと火が通ったら野菜を加えてさっと炒める。野菜は半生程度でもよい。

小鉢に取り分け、【トッピング】といっしょにヌクチャムで和えていただく。ビーフンを小鉢に入れておき、その上にチャーカーと各種トッピングをのせて食べてもよい。

貝のレモングラス蒸し

大粒の貝とレモングラスがあれば作れる、
香りごと楽しむ小鍋料理。蒸し汁には
カリッと焼いた薄切りバゲットやえびせんを浸して。

材料（2〜3人分）

ホンビノス貝（または はまぐり）
　（砂出ししたもの）―――― 8〜10粒
レモングラスの茎元 ――――― 2本分
生姜の薄切り ―――――――― 4枚
生の赤唐辛子 ――― 小1本（好みで）

A
　水 ――――――――― 1/3カップ
　ヌクマム ――――――― 小さじ1/2
　酒 ―――――――――― 大さじ1

塩、粗びき黒こしょう、
　すだち（またはライム）― 各適量

作り方

1　レモングラスを4等分し、包丁の背などでしっかり
　と繊維をつぶし、香りを出しやすくする。

2　小ぶりな鍋にすべての材料を入れ、**A**を加えてふた
　をし、強火で蒸し煮にしていく。煮立ってきたら火
　を弱めて貝の殻が開くまで加熱する。

食べ方

皿に塩、こしょう、柑橘汁を混ぜ合わせてタレを作り、殻から
外した身をつけていただく。

カリーガー
（ベトナム鶏カレー）

まだあまりよく知られていない、
ベトナムカレーの存在。じつは意外とハードルは低く、
本格的なものが気軽に作れます。

材料（2人分）

鶏骨つきぶつ切り肉 ── 400g〜500g
さつまいも ────────── 200g
玉ねぎ ──────────── 大1/2個
イエローカレーペースト ─ 1袋（50g）
にんにく、生姜 ─────── 各1片分
ココナッツミルク ────── 400ml
水 ─────────────── 200ml
レモングラスの茎元 ──── 1〜2本
シナモンスティック ───── 1本
油 ─────────────── 大さじ1

A	きび砂糖 ─── 小さじ2	
	ヌクマム ─── 約大さじ1	
	カレー粉 ─── 大さじ1	

温かいごはん ──────── 2皿分

【トッピング】

フライドオニオン、カットライム、
　ココナッツチップス ──── 各適量
粗びき黒こしょう ─────── 適量

作り方

1 さつまいもは皮をむき、ひと口大に切って水にさらしておく。玉ねぎは繊維に沿って2cm幅に切る。にんにく、生姜はみじん切りにする。

2 レモングラスを4等分し、包丁の背などでしっかりと繊維をつぶし、香りを出しやすくする。

3 鍋ににんにくと生姜と油を入れて火にかけ、香りが立ってきたらイエローカレーペーストを加えて炒め、**2**と水、ココナッツミルク、シナモンスティックを入れてひと煮立ちさせる。

4 鶏肉を加え、10分煮てさつまいもと玉ねぎを加える。弱火で火が通るまで煮て、**A**を加えて味つけし、黒こしょうをふる。

5 ごはんの上に【トッピング】をのせ、途中ライム（分量外）を搾っていただく。

ボーコー
（ビーフシチュウ）

素材が香るあっさりとした
味わいはフランス食文化の
置き土産？ ベトナムに行くと
必ず食べたくなる味。

材料（3〜4人分）

油	大さじ1
にんにく、生姜のみじん切り	各1片分
玉ねぎのみじん切り	1/2個分
トマト	2〜3個（約300g）
牛すね肉の下ゆで（作り方▶ p.82）	400〜500g
じゃがいも	2個
にんじん	大1本

	レモングラス	大1本
A	シナモンスティック	1/3本
	赤唐辛子	1本

塩	小さじ1/2
ヌクマム	大さじ1と1/2
バジル	適量（好みで）

作り方

1 レモングラスの茎は厚めの斜め薄切りにし、茎元は縦半分に切ってしっかりとつぶす。じゃがいもとにんじんは皮をむき、2等分と4等分に切る。トマトはさいの目に切る。

2 鍋に油とにんにく、生姜を入れて火にかけ、香りが立ってきたら玉ねぎを加えて透き通るまで炒める。

3 トマトを加えて、少し煮詰めたら牛スープを4カップ、牛すね肉を全量加え、Aとじゃがいも、にんじんを加えてひと煮立ちさせる。

4 3が煮立ってきたらアクを取り除き、弱火にしてふたをし、20分、野菜がやわらかくなるまで煮て、塩とヌクマムで味つけし、バジルを散らす。

鶏手羽のスパイス揚げ

五香粉がエキゾチックに香る鶏の揚げ物は
気軽に作れるシンプルレシピで。
ビールと合わせて楽しむのに最適な揚げ物です。

材料（2人分）

鶏手羽中		8～10本
A	ごま油	大さじ1
	粗びき黒こしょう	適量
	五香粉	小さじ1/2
B	豆板醤	小さじ2/3
	ヌクマム、醤油	各大さじ1と1/2
	酢	小さじ2
	はちみつ	大さじ1
揚げ油		適量

作り方

1 手羽中にある2本の骨の両脇に骨から肉が外れやすいようにペティナイフやキッチンばさみで切れ込みを入れて、**A**をもみこんで下味をつける。

2 **B**を大きめのボウルの中でよく混ぜ合わせておく。

3 揚げ油を中温（170～180度）に熱し、**1**をカリッと香ばしく揚げ、揚げたそばから**2**の中に入れて味をからめる。

カニの春雨炒め ライムペッパー風味

ベトナムにあるワタリガニ料理専門店の定番料理。
現地では春雨よりもカニの量が多いくらいの贅沢仕上げです。

材料（2〜3人分）

カニの缶詰	1缶（約125g）	鶏ガラスープ	80ml
春雨	50g	ヌクマム	大さじ1強
にんにく、生姜のみじん切り	各小1片分	香菜（ざく切り）	適量
長ねぎのみじん切り	5cm分	ライム	適量
油	大さじ1と1/2	粗びき黒こしょう	適量

作り方

1 春雨はぬるま湯に10分ほど浸して半もどしし、水気を切っておく（後からスープを吸わせるのでもどしすぎに注意）。

2 熱したフライパンに油をひき、にんにく、生姜、長ねぎを炒める。香りが立ってきたらカニ缶を缶汁ごと加えてさっと炒め合わせる。

3 春雨、スープ、ヌクマムを加えて手早く炒め、春雨に水分を吸わせ、水分がなくなるまで炒める。

4 器に盛りつけ、好みの量の香菜、ライムを添え、黒こしょうをふる。

たっぷり満足ごはん

RICE &
NOODLES

—

ヨヨナムの米・麺料理

鶏肉とレモングラスの土鍋風ごはん

レシピではおこげ部分をたくさん作って土鍋風の味わいに。
ヨヨナムでも大人気のごはんものです。

材料（4人分）

米（日本米とタイ米各1合ずつ）	2合
鶏もも肉	大1枚
しめじ	100g
えのきだけ	100g
生姜（千切り）	大1片分
レモングラスの茎元 （ごく薄い小口切り）	3本分
油	小さじ2

A	ヌクマム	大さじ1/2
	ココナッツミルク	大さじ4
	レモングラスの 　茎〜葉のかたい部分	適量
B	ヌクマム、シーズニングソース	各大さじ1と1/3
	レモン汁	大さじ1

【下味】

油	小さじ1
粗びき黒こしょう	小さじ1/2
ヌクマム	大さじ1/2

作り方

1 鶏肉は2cm角切りにし、【下味】をもみこんでおく。しめじは石づきを切り落として細かくほぐし、えのきだけは根元を切り落とし、2cm長さに切ってほぐしておく。

2 米を研いでしっかりと水切りし、**A**を加えて水（分量外）を2合のメモリまで加えて炊く（炊飯器の場合早炊きモード）。

3 熱した大きめのフライパンに油をひき、鶏肉を広げてそのまま動かさずに片面カリカリに香ばしく焼いたら、きのこ2種とレモングラスを炒め、**B**で味つけし、フライパンを傾けて強火で煮つめ、水分を飛ばす。

4 **3**の中に炊きあがった**2**を入れ、具材が全体に行き渡るように混ぜたらできるだけ広げ、そのまま中火で3分ほど焼き、おこげを作る（途中鍋肌から油適量を回し入れて焼いていくとカリカリのおこげが作れる）。

餅粥（ベトナム風雑煮）

ハノイの路地裏で食べる朝ごはんには
目を見開く美味しいものが多々あります。
この餅粥も忘れられないおいしさ。

材料（4人分）

きくらげと豚ひき肉の炒め
　（p.18参照）——————— 全量
切り餅 ————————————— 8個
水 —————————————— 1200ml
ヌクマム ———— 大さじ2〜2と1/2
つぶしにんにく ——————— 1片
香菜の根 ————————— 1〜2本
香菜（葉と茎を細かく刻んだもの）、
　フライドオニオン ———— 各適量

作り方

1 鍋に分量の水とつぶしにんにく、香菜の根を入れて
沸騰させ、ヌクマムも加えて弱火で2〜3分煮たら
にんにくと根を取り除く。

2 切り餅を入れて餅の輪郭が溶けてくるまで煮たら、
きくらげと豚ひき肉の炒めを加えてなじませ、器に
よそう。

3 フライドオニオンと香菜を適量のせていただく。

ハノイの鶏おこわ

ベトナム版カオマンガイともいえる美味なるひと皿。
フレッシュなコブミカンの葉が天にも昇るいい香り。

材料（4人分）

タイもち米
　（タイ米と日本のもち米
　　1合ずつで代用可能）――――2合
鶏手羽元 ――――――― 10〜12本
コブミカンの葉（千切り）
―――――――――― 大6〜8枚分

A

生姜の皮	適量
紹興酒または酒	大さじ2
塩	小さじ1

【タレ】
醤油、シーズニングソース
――――――――― 各大さじ1と1/2
あれば生赤唐辛子の薄切り― 1本分

作り方

1 鶏手羽元に**A**をなじませて耐熱皿にのせ、蒸気の上がった蒸し器で、中火で12分ほど蒸し、蒸し汁を取り分けて、肉は粗熱が取れてから手で食べやすい大きさにほぐす。

2 米を研いで炊飯器に入れ、**1**の蒸し汁を入れたあと、2合のメモリの少し下まで水を加えて早炊きモードで炊く。タレの材料を混ぜ合わせておく。

3 コブミカンの葉の軸はかたいのでV字に切り下としてから数枚重ねてくるくると巻き、ごく細い千切りにする。

4 炊きあがったごはんを茶碗によそい、**1**と**3**を適量のせ、タレを少量ずつかけながらいただく。

トマトとしじみの
香草スープがけごはん

暑さがとくに厳しいベトナム中部でよく
出会う料理。にんにくとトマトとしじみで
夏バテ解消。思い出しては作る夏の定番。

材料（2人分）

しじみ
　（たっぷりの真水に30分程度
　入れて砂を吐かせたものを使用）
　———————————— 約300g
ミディトマト ———— 3個（約150g）
つぶしにんにく ———————— 大1片分
小ねぎの小口切り ———— 2〜3本分
湯 ———————————————— 600ml
ヌクマム ———— 大さじ1と1/2〜2
油 ———————————————— 大さじ1/2
ディル（細かく刻む）———— 2〜3枝分
ごはん（タイ米がおすすめ）
　———————————————— 2膳分

作り方

1 　しじみは殻と殻をこすりつけるようにして洗ってお
　く。トマトは小さめのひと口大に切る。

2 　鍋につぶしにんにくと油を入れて弱火にかけ、にん
　にくの香りが立ってしっかりと茶色く色づくまで加
　熱したら、火を止めて鍋をゆすって粗熱をとる。

3 　**2**にしじみと分量の湯を加えてひと煮立ちさせ、ト
　マトも加えて2〜3分煮たらヌクマムを加え、小ね
　ぎとディルを散らす。

4 　茶碗によそったごはんの上に**3**をかけてなじませな
　がらいただく。

フーティウ

豚骨だしで作るフーティウは、
じつは南部ではフォーよりもポピュラーともいえる麺料理。
甘めの味つけにぐっときます。

材料（4人分）

塩豚香味スープ（作り方▶p.82）
————————————— 全量

ゆで塩豚のスペアリブ

（骨を外し、食べやすく切る）

（作り方▶p.82）————— 適量

フーティウの乾麺（または

フォーの乾麺）————— 約300g

うずらのたまごの水煮 ——— 12個

セロリ

（すじを取って縦半分に

切ってから斜め薄切り）

————————————— 1/2本

もやし ————— 1袋（約200g）

砂肝（筋を除き薄切り）——— 80g

フライドオニオン、カットライム、

レモングラスチリオイル

（作り方▶p.83）————— 各適量

作り方

1 麺はぬるま湯に10～15分浸してふやかし、ざるにあげておく。鍋にたっぷりの湯をわかし、麺が透き通ってくるまでゆでる（袋の表示に従う）。

2 別鍋に塩豚のスープを温め、砂肝、うずらのたまごをゆで、時間差でセロリともやしを加える。

3 どんぶりにゆでた麺と塩豚を入れて**2**を注ぎ入れ、フライドオニオンと香菜を散らす。途中でチリソースを適量加えたり、ライムを搾ったりしていただく。

※クレソンや春菊の葉、サラダ菜などのやわらかな葉をちぎって加えてもよい。

ヨヨナムオリジナル
たっぷり野菜のカリカリ和え麺

カリカリ、シャキシャキとさまざまな食感を楽しむ料理をひと皿に表現。
現地には存在しない、私が食べたいベトナム料理。

材料（2〜3人分）

たまご麺	3玉

【 具材 】（目安）

水菜（3cm長さに切る）	50g
グリーンリーフレタス（千切り）	50g
豆苗（2cm長さに切る）	30g
香菜（2cm長さに切る）	20g
にんじん（千切り）	40g
紫きゃべつ（千切り）	50g
もやし	80g
きくらげ（水でもどして千切り）	15g
ローストピーナッツ（刻む）	1/4カップ
ジャイアントコーン（大きければ刻む）	1/4カップ
フライドオニオン	大さじ2
カットライム	適量
エスニック鶏そぼろ（作り方 ▶ p.82）	約100g
レモングラスチリオイル（作り方 ▶ p.83）	大さじ1以上

作り方

1 たっぷりの湯をわかし、麺を入れてほぐさず、そのまま1分半ほどゆで、自然にほぐれてきたら箸でほぐしながらトータル3分弱ゆでる。水にとってざるにあげ、和えやすい長さにキッチンばさみで切り、油と塩少々（ともに分量外）を和えておく。

2 同じ湯でもやしときくらげを30秒ほどゆでてザルにあげ、油と塩少々（ともに分量外）を和える。その他の具材（野菜）も切っておく。

3 **1**を大皿の中央に盛り、その周囲に野菜と鶏そぼろとすべてのトッピングを彩りよく盛りつけ、レモングラスチリオイルを麺の上に適量のせる（写真を参考に）。グリーンの野菜をまず3箇所に等間隔にふわっと盛りつけてから、間にその他を盛りつけていくとよい。ライムを全体に搾り、全体をよく和えていただく。

※グリーン野菜は季節によってせり、クレソン、三つ葉などに替えてもよい。
※できるだけ大皿に盛りつける。器の大きさに応じて盛りつけるボリュームを調整するとよい。

鶏ときのこのフォー

骨つきの鶏や牛骨で贅沢にだしをとるのが本場の味。
家庭なら、きのこやひき肉で作るヘルシーなフォーがおすすめです。

材料（4人分）

鶏ひき肉 ——————— 150g
クレソン ——————— 2把
小ねぎの小口切り ——— 4本分
しめじ（石づきを取り、ほぐす）
——————————— 大1パック
エリンギ（長さを4等分に切り、
　縦に薄切り）——————— 大1本
チリソース、カットライム
——————————— 各適量
水 ——————— 1200ml
フォーの乾麺 ——— 約300g
ヌクマム ——————— 大さじ3
つぶしにんにく ——————— 1片
油 ——————— 大さじ1

作り方

1 鍋につぶしにんにくと油を入れて中火にかけ、にんにくが色づいてきたらきのこを加えてさっと炒め、分量の水を加える。

2 煮立ってきたら、鶏ひき肉を片手で適量つまんで小さな団子状にまとめたものを加え、火を通してヌクマムで味つけする。

3 麺はぬるま湯に10分程度浸してふやかし、ざるにあげておく。鍋にたっぷりの湯をわかし、麺が透き通ってくるまでゆでる（袋の表示に従う）。

4 どんぶりにゆでた麺を入れて2を注ぎ入れ、小ねぎとフライドオニオンを散らす（さっとスープでゆがいたクレソンものせる）。途中でチリソースを適量加えたり、ライムを搾ったりしていただく。

ベトナムの甘味 チェーの楽しみ

いろいろな甘味素材と糖水（シロップ）を自由に組み合わせて。
温・冷どちらも楽しめます。

【 素材 】

Ⓐ 白いんげん豆

洗ってたっぷりの水にひと晩浸水させる。水気を切って鍋に入れ、新しい水をたっぷり注ぎ、煮立ったらあくを取りながら弱火で50〜60分皮までやわらかくなるまでしっかりと煮る。糖水適量に浸す。

Ⓑ むき緑豆餡

むき緑豆（200g）はよく洗って平鍋に入れ、豆の3倍程度の水を入れて1〜2時間もどす。鍋を火にかけ、煮立ってきたらあくを丁寧にすくい、弱火にして10〜15分、豆の粒が崩れてくるまで煮る（この時点で水分が足りない場合は適宜補う）。グラニュー糖（100g）と塩（ひとつまみ）を加えて木べらで鍋底からしっかりと混ぜていき、水分を飛ばしながら10〜15分ほど炊きあげていく（目安は、木べらで鍋底をまっすぐひっかいた筋がすぐに消えずに見えるまで）。

※小分けして冷凍保存可能。

Ⓒ ゆであずき

洗ったあずき（150g）とたっぷりの水を入れた鍋を火にかけ、沸騰して2〜3分したらゆでこぼし、再度水を加えて煮立ってきたらゆでこぼす（渋切り）。水気を切ったあずきと水（3カップ）を入れて火にかけ、煮立ってからあくを取りつつ30〜40分ほどやわらかくなるまで煮る。塩（ひとつまみ）とグラニュー糖（90g）を加え、10分ほど弱火で甘みを含ませていく。汁ごとそのまま冷ます。

Ⓓ 緑豆

Ⓒと同じ要領でゆで、ざるにあげて水気を切り、糖水（またはきび糖水）適量に浸す。

Ⓔ 白玉だんご

Ⓕ 仙草ゼリー（市販品）

Ⓖ 白きくらげ

たっぷりの水でもどす（20〜30分程度）。鍋に湯をわかし、白きくらげを10分ほど歯ごたえが残る程度に煮たらざるにあげ、好みの大きさに切り、糖水（適量）に浸す。

Ⓗ、Ⓘ、Ⓙタピオカ（小、大）

鍋に湯を沸かし、沸騰したらタピオカを入れ、タピオカが静かに踊る程度の火加減で約20分（大の場合約60分）途中かき混ぜながらゆでる。白い芯が少し残るまでゆでたら火を止めてふたをし、5分ほど蒸らす。ざるにとって水気を切り、流水で洗う。使うときに再度流水でほぐす。

Ⓚバジルシード

バジルシード（小さじ1）を水（150ml）に浸けてしっかりともどす（30分以上）。

Ⓛはとむぎ

洗ってたっぷりの水に3時間以上浸ける。水気を切って鍋に入れ、かぶる量の水を加えて火にかけ、沸騰したら弱火で20分ほど煮る。水気を切り、糖水（適量）に浸す。

Ⓜ蓮の実

洗ってからたっぷりの湯で1〜2回ゆでこぼし、再度たっぷりの水で20〜30分ゆでる。糖水（適量）に浸す。

Ⓝクコの実

たっぷりのぬるま湯に10分ほど浸してもどす。

Ⓞ煮あんず

干しあんず（100g）を鍋に入れ、少しかぶるくらいの水を入れて煮立ったら弱火で煮る。あんずがふくらんできたらグラニュー糖（150g）を加えて15分ほど煮つめる。

Ⓟ干し芋（市販品）

Ⓠりんご甘煮

皮をむいたりんご1個分を2cm角程度に切ってレモン汁（小さじ2）とグラニュー糖（大さじ2〜3）をからめ、耐熱皿に広げてラップをし、電子レンジで3〜4分加熱する。

Ⓡいちご甘煮

冷凍イチゴ（150g）に対し、グラニュー糖（50g）を入れて煮る。

Ⓢドライマンゴー

糖水を水で薄めた液体（糖水2に対し、水1程度）に適量を浸してもどす。

【シロップ】
Ⓣココナッツミルクソース

鍋にココナッツミルク（400ml）と水（200ml）を入れて煮立たせたらグラニュー糖（30g）を加えて溶かす。

Ⓤ豆乳または豆乳ゼリー

沸騰させた豆乳（250ml）に対し、粉ゼラチン（5g）を溶いて冷やし固める。

【糖水】
Ⓥ糖水

グラニュー糖200mlに対し、水600mlを煮溶かす。

Ⓦきび糖水

きび砂糖200mlに対し、水600mlを煮溶かす。

冷たいチェー

ⓐ の組み合わせ

> 材料

クラッシュアイス
ココナッツミルクソース
緑豆
ブラックパールタピオカ
むき緑豆餡

ⓑ の組み合わせ

> 材料

糖水
クラッシュアイス
白きくらげ
緑豆
クコの実
ドライマンゴー
豆乳ゼリー

ⓒ の組み合わせ

> 材料

きび糖水
クラッシュアイス
はとむぎ
蓮の実
白いんげん豆
緑豆
仙草ゼリー

ⓐ   ⓑ   ⓒ

温かいチェー

ⓐ の組み合わせ

> **材料**

りんご甘煮／クコの実／
ブラックパールタピオカ／
干しいも／豆乳

ⓑ の組み合わせ

> **材料**

煮あんず／むき緑豆餡／
ココナッツミルクソース／白玉だんご

ⓒ の組み合わせ

> **材料**

いちご甘煮／ゆであずき／
ココナッツミルクソース／
ホワイトパールタピオカ（大）／
白玉だんご

ホアクアザム
（フレッシュフルーツのチェー）

材料（作りやすい分量）

【フレッシュフルーツ】
アボカド、マンゴー、バナナ、パイナップル、
　すいか、ドラゴンフルーツ、メロン、
　キウイフルーツなどを1.5cm角に切って
　合わせておく ———————————— 各適量
いちご甘煮 —————————————— 適量
コンデンスミルク／バジルシード／
　ココナッツミルク／クラッシュアイス

作り方

グラスにいちご甘煮（適量）を入れる。その上
に【フレッシュフルーツ】を7分目くらいま
で盛り、ふやかしたバジルシード（適量）をトッ
ピングする。ココナッツミルク、コンデンス
ミルク（各適量）をかける。クラッシュアイス
をこんもりとのせ、さらに上からコンデンス
ミルクをかける。

南国風フルーツポンチ

材料（作りやすい分量）

上記【フレッシュフルーツ】と同じ —— 各適量
チアシード（ホワイト）
　（水でふやかしたもの）———————— 適量
【シロップ】
糖水 ——————————————————— 適量

作り方

糖水は前日までに作って冷やしておくと長持
ちする。フルーツは、種や皮のあるものは取り、
約2〜3cm角に切る。清潔な保存瓶にフルー
ツとふやかしたチアシードを加え、糖水をふ
たの下までなみなみと注ぐ。

❴ 現地の食の楽しみ方 ❵

料理をオーダーすると、テーブルを埋め尽くす勢いの葉野菜やハーブがやってくることもあります。ハーブの種類は数えきれないこともあるほど。タデやドクダミの仲間のようなハーブもあり、複雑な味わいや食感を楽しみます。

昼食は買い物の合間にコムビンザン（食堂）に入ってさまざまなおかずをオーダー。庶民的なコムビンザンなら指差しして食べたいものと欲しい量を伝えながらのやりとりも楽しい。気がつくと驚くほどの量をオーダーしていることもありますが、お米が軽いからなのかするすると胃袋に収まっていきます。

朝食は専門店に。鶏おこわや餅粥やフォー、フーティウの専門店に出かけるのが楽しみ。路地裏、炭火にかけられた大鍋から湯気がもうもうと立つ様子もたまらない風情があり、のんびりした旅の朝の空気ごと味わいます。

チェー屋さんは街のいたるところに。四季のあるハノイでは温かいチェーの専門店もよく見かけます。ホーチミンは年中暑いので、好みの素材をグラスに重ねてもらい、大量のクラッシュアイスをトッピングして冷やしながら食べるスタイルが主流です。

新生姜シロップの 練乳ミルクプリン

コンデンスミルクの懐かしい甘みとコク。
新生姜の清々しい香りでシンプルに。

材料（2人分）

【 練乳ミルクプリン 】

粉ゼラチン	1袋（5g）
水	大さじ2
牛乳	300ml
コンデンスミルク（練乳）	50g

【 新生姜のシロップ 】

新生姜（1mmの極薄切り）	25g
グラニュー糖	1/2カップ（100ml）
水	2カップ（400ml）
氷	適量（好みで）

作り方

1 ゼラチンを分量の水と混ぜ合わせてふやかしておく。鍋に牛乳を入れて煮立たせたら火を止め、コンデンスミルクを加えて泡立て器で静かに混ぜ合わせ、ふやかしたゼラチンを完全に溶かして粗熱をとる。

2 深さのある保存容器に入れて冷蔵庫で冷やし固める（3時間以上）。

3 小鍋にグラニュー糖と水を入れて煮立たせ、グラニュー糖が溶けたら新生姜を加えてごく弱火で生姜の香りがシロップに移るまで7〜8分煮る。粗熱が取れたら冷蔵庫でしっかりと冷やす。

4 2をラフにスプーンでひとすくいしたものを器に入れ、3を注ぐ。好みで氷を浮かべてもよい。

バインフラン
サイゴンスタイル

プリンにクラッシュアイスと
ベトナムコーヒーをかけるのが本場の食べ方。
ヨヨナムでもこのスタイルでお出ししています。

材料（100mlの容器約8個分）

【 プリン 】

卵	3個
牛乳	400ml
コンデンスミルク	150ml（約200g）
バニラエッセンス	2～3滴

【 カラメル 】

グラニュー糖	100g
水	1/4カップ（50ml）
湯	大さじ1

食べ方

プリンを型から抜いて器に盛り、クラッシュアイス（粗いかき氷）をのせ、その上に濃く抽出して常温に冷ましたコーヒー（ベトナムコーヒーがおすすめ）を1皿につき大さじ1程度かけていただく。

作り方

1 カラメルを作る。小鍋にグラニュー糖と水を入れ、鍋を揺らしながら濃い茶色になるまで火を入れる。ぬれ布巾の上にのせて鍋を向こう側に傾け、低い位置から湯を注ぎ入れて色止めする。カラメルがまださらっとしているうちにプリン型の内側をさっと水でぬらして底に均等に入れる。

2 オーブンを150℃に予熱する。ボールに卵を溶きほぐし、コンデンスミルクを加えてよく混ぜ合わせる。牛乳を少しずつ加えながらさらに混ぜ、全体が混ざったら金網ざるでこして1に静かに流し入れる。

3 2の上部をアルミホイルで覆い、バットに並べ、プリン型の半分程度の深さまで熱湯を静かに注ぐ。

4 オーブンに入れ、140℃で30～35分ほど蒸し焼きにする。全体に弾力があり、竹串を刺してみて卵液がにじみ出てこないようであればできあがり。粗熱がとれたら冷蔵庫で冷やす。

シントー

シントーとはベトナムのフルーツシェイクのこと。
いろいろなフルーツで楽しめます。

トマトのシントー

作り方（約400ml分）

トマト（ひと口大にカットして合わせて200g
を冷凍したもの）と水（200ml）、コンデンス
ミルク（大さじ4〜5）をミキサーで混ぜる。

アボカドとマンゴーのシントー

作り方（約500ml分）

アボカドとマンゴー（1対1が目安）（ひと口
大にカットして合わせて200gを冷凍したも
の）、水（300ml）、コンデンスミルク（大さ
じ4）をミキサーで混ぜる。

パッションフルーツムース

パッションフルーツをふんだんに使った濃厚なムース。
ホーチミンで出会ったレストランの定番スイーツです。

材料（約6人分）

パッションフルーツ ——————— 8個
　（少し取り置き、果汁をこす）
生クリーム ————— 200ml（1パック）
コンデンスミルク ——— 100ml（150g）
粉ゼラチン ————————————5g
湯 ————————————— 大さじ3

作り方

1 パッションフルーツを半分に切って中の果肉をスプーンで取り出す。トッピング用に20ml程度取り分けておき、残りは水（分量外）を加えて160mlの液体になるようにしておく。

2 ゼラチンを50mlの湯で溶かし、よく混ぜる。

3 **1**を耐熱容器に入れてふんわりとラップをかけ、電子レンジで40秒加熱して温めたら、**2**を加えて混ぜ合わせる。

4 ボールに生クリームを入れて角がピンと経つまでハンディミキサーで泡立て、コンデンスミルクをなじませる。粗熱をとった**3**に加えてよく混ぜ合わせる。

5 器に等分に入れて冷蔵庫で2時間以上冷やし固める。いただくときに取り分けておいたパッションフルーツをかける。

ココナッツブランマンジェ
スイカソース／メロンソース

ココナッツミルクと生クリームの風味が
ウリ科のフルーツととてもよく合う、
見た目も涼やかなスイーツ。

材料（5皿分）

【 ココナッツのブランマンジェ 】

A	生クリーム	100ml
	牛乳	250ml
B	ココナッツミルクパウダー	30g
	グラニュー糖	45g

ゼラチン ——————— 7g
水 ————————— 50ml
グリーンメロン（またはスイカ）
————————————— 適量

【 トッピング 】

ココナッツチップス ——— 適量

作り方

1 ゼラチンを水と混ぜ合わせてふやかしておく。鍋に**A**を入れてひと煮立ちさせたらごく弱火にし、**B**を加えて泡立て器で静かに混ぜ合わせて溶かし、さらにゼラチンを加えて完全に溶かす。

2 氷水を適量ボールに入れ、その上に**1**のボールを当て、泡立て器で混ぜながらとろみがつくまで冷やしたら、型に注ぎ入れて冷蔵庫で3時間以上冷やし固める。

3 メロンの種を除き、ひと口大に切り、ミキサー（またはフードプロセッサー）で撹拌する。

4 ブランマンジェを型抜きして皿にのせ、メロンのソースをたっぷりと注ぐ。

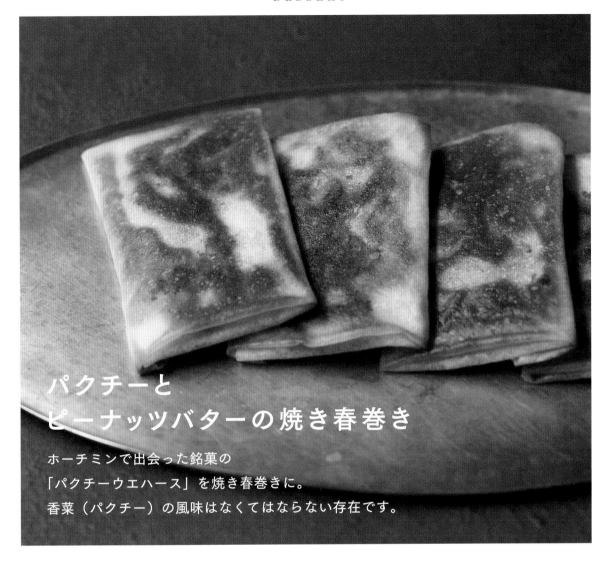

パクチーと
ピーナッツバターの焼き春巻き

ホーチミンで出会った銘菓の
「パクチーウエハース」を焼き春巻きに。
香菜（パクチー）の風味はなくてはならない存在です。

材料（4個分）

春巻きの皮 ———————— 4枚
香菜の葉 ———————— 適量
ピーナッツバター（加糖）
————————— 60g（目安）
油 ——————— 小さじ2〜大さじ1
水 ———————————— 適量

作り方

1 春巻きの皮の角が手前になるように置き、奥の角の手前に香菜の葉をのせておく。中央手前にピーナッツバターを薄く広げ、手前と両端を中心に向かって折りたたみ、奥に向かってパタパタと折って、閉じ口を水でとめる（香菜を最後ひと巻きするところに置くことで、葉が透けてきれいに見える）。

※6cm×4cmの長方形になるように折りたたんでいく。

2 フライパンに油をひいて弱火にかけ、薄くのばしたら**1**を香菜側が下になるように並べ入れる。2〜3分焼いたら裏返し、両面に焼き色がつくまでじっくりと焼き、温かいうちにいただく。

下準備材料のレシピ

蒸し鶏

p.14 カラフル野菜と蒸し鶏の生春巻き
p.41 りんごとカシューナッツのベトナム風サラダ

材料

鶏むね肉 —————— 1枚（200〜250g）
塩 ————————————— 小さじ1/2
酒 ————————————— 小さじ2
あれば生姜の皮、ねぎの青い部分
————————————————— 各適量

作り方

1 鶏肉の表面と塩をすりこみ、耐熱皿にのせたら酒を
ふって生姜の皮とねぎをのせ、ふんわりとラップで
覆って蒸し器で18〜20分ほど中火で蒸す。
※電子レンジを使用する場合は2分半加熱し、いったん取り出し
て裏返し、再び1〜2分加熱する。

2 粗熱をとり、食べやすい大きさに手でさき、蒸し汁
に浸す。
※保存袋などに入れて冷蔵庫で2〜3日保存可能

エスニッククミン
ドレッシング

p.41 りんごとカシューナッツの
ベトナム風サラダ

材料（作りやすい分量）

クミン（乾煎りして半ずりしたもの）
————————————————— 大さじ1/2強
ヌクチャム —————————— 50ml
油 ————————————— 小さじ2
しょうゆ —————————— 小さじ1/4
ターメリック ———————————— 少々

作り方

材料全量を混ぜる。

なます

p.16 チャーゾー（揚げ春巻き）
p.20 バインセオ

材料（作りやすい分量）

大根————————————————— 5cm
にんじん————————————— 中1/4本
きび砂糖 ————————————— 大さじ1
酢 ————————————————— 大さじ3
ヌクマム ————————————— 小さじ1強

作り方

大根とにんじんを千切りにし、保存袋に入
れる。すべての調味料を加え、袋の外側か
らよくもむ。食べる際、適度に汁気を切っ
て使うとよい。

牛すね肉の下ゆで

p.54 ボーコー（ビーフシチュウ）

材料	
牛すね肉	400g〜

作り方

牛すね肉とかぶるくらいの水を圧力鍋に入れて強火にかけ、蒸気が出てきたら火を弱めて20分加熱し、蒸気を抜く（厚手の鍋で煮る場合は1時間半ほどかかる）。

塩豚香味スープとゆで塩豚のスペアリブ

p.63 フーティウ

材料	
豚肉（スペアリブ）	800g
塩	16g
水	1200ml

A	セロリの葉	1本分
	つぶしにんにく	1片分
	生姜の皮、ねぎの青い部分	各適量
	フライドオニオン	大さじ2〜3

B	ヌクマム	大さじ2
	シーズニングソース	少々
	きび砂糖	小さじ2

下準備

豚肉を重量の2％の塩でマリネし、保存袋に入れてひと晩以上おく。

作り方

鍋にさっと洗った肉、水、**A**を入れて煮立ったらあくを取りながら30分煮て、**B**で味つけする。

エスニック鶏そぼろ

p.64 ヨヨナムオリジナル　たっぷり野菜のカリカリ和え麺

材料（作りやすい分量）	
鶏ひき肉	500g
グリーンカレーペースト	50g
コブミカンの葉のみじん切り	大きめ5枚程度
油	大さじ1と1/2
ヌクマム	小さじ2

作り方

フライパンに油をひき、グリーンカレーペーストを中火で炒め、香りが立ってきたら鶏肉を入れて広げる。ペーストをなじませながら途中コブミカンの葉も加え、ぽろぽろになるまで炒める。ヌクマムで味つけする。

レモングラスチリオイルのレシピ

p.29 鶏のレモングラス炒め
p.63 フーティウ
p.64 ヨヨナムオリジナル　たっぷり野菜のカリカリ和え麺

材料（作りやすい分量）

レモングラスのみじん切り	60g	唐辛子（韓国産）粗びき	10g
にんにくのみじん切り	小さじ2	唐辛子（韓国産）粉末	10g
生姜のみじん切り	10g	油	200ml
塩	小さじ1		

作り方

1 ボールに唐辛子2種と塩、その上に生姜とレモングラスを唐辛子が隠れるようにのせておく。

2 小鍋に油とにんにくを入れ、弱火でにんにくから香りが出て170℃くらいになるまで熱したら（白い煙がもうもうと立つまで加熱すると油が酸化してしまうので注意）、**1**に回しかける。

3 よく混ぜ合わせ、粗熱がとれたら保存瓶に入れる。
※保存期間　冷蔵で2〜3ヶ月
※その他、各種炒めものやチャーハン、汁麺の味つけ、トッピングなどいろいろ使えます。

◆ ベトナムの器と調理道具

現地で出会った器や調理器具、生活雑貨を紹介します。

ソンベ焼き

ヨヨナムで使用している器、ソンベ焼き。庶民の器として南部のソンベ村で作られています。作りが少々雑なところが魅力なのですが、近代化の煽りで年々窯の数が減少し、今ではローカルな市場の一角や問屋街でひっそりと売られるのみとなりました。

ガラス製品

市場に所狭しと陳列されているガラスのコップ。数を伝えると奥から出してもらえるシステム。小ぶりで丈夫なコップにショットグラスなど探せばいろいろ欲しいものだらけ。梅仕事用に、大きなガラス壺もおすすめです。

プラスチックバッグ（ベトナムかご）

荷造り用のプラスチックテープを編んで作られているかごは強度抜群、汚れてもじゃぶじゃぶ洗えて実用的。昔から作られているのですが、最近はどんどん素材や編みのデザインが進化しています。

鍋敷き

底が丸くて安定しないアルミの器（おそらく調理小鍋）やベトナムの片手土鍋をのせるとすっぽりおさまる自然素材の鍋敷きです。

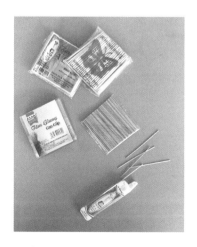

つまようじ

極細のものや作りこまれていないナチュラルなつまようじなどさまざまなつまようじがスーパーマーケットでも売られているので必ずチェックします。

色紙

和紙のような素材の紙にピンクや紫などのビビッドな色がついた色紙は仏具屋さんで購入。テーブルコーディネイトの差し色やラッピング用として愛用しています。

◆ ベトナムのアルミ製品

近代化が進み、アルミからステンレスへと変わりつつある調理道具。
とはいえ、まだまだアルミ製品も健在、健闘。アルミならではの羽の
ような軽さとペコっとした質感、キッチュなたたずまいに魅力を感じます。

アルミ調理鍋

本来は調理小鍋だと思うのですが、ハーブや薬味など
を盛ったり、素材や料理を盛りつけたり、器として使っ
ています。軽くて割れないのでアウトドアにも最適。

サーバースプーン

15年ほど前に目にしたのが最後、幻と化したベトナ
ムのサーバースプーン。いつ見てもグッドデザインです。

製氷皿

本当は製氷皿らしいのですが、冷蔵庫の区分けに使用
するなどいろいろ便利。

調理ベラなど

調理道具もアルミのものがすこぶる使いやすい。軽量
で薄手なのが気に入っています。

◆ ベトナム料理の食材図鑑 PART-2

※3、5、6、7、9、10の購入先→カルディコーヒーファーム（https://www.kaldi.co.jp/）

1　バインセオに使うベトナム産の米粉

インディカ米の米粉で作るからこそカリカリに仕上がるバインセオ。ネットで購入可能。

2　蒸し春巻きミックス

蒸し春巻きのプルプル食感には欠かせないタピオカ粉などがブレンドされたミックス粉。ネットで購入可能。

3　えびせん

メガネのレンズほどの大きさの乾物を揚げると手のひらサイズにまで膨らみ、風味豊かで香ばしいえびせんに。サラダなどのトッピングに。

4　ベトナムコーヒー

ロブスタ種を独自の製法で焙煎し、フレンチローストのような甘い香りをつけた豆。ネットなどで購入可能。

5 トムヤムペースト

主にタイで使われる調味料ですが、甘辛酸っぱい味が
ベースの南部風鍋には欠かせない調味料。

6 タマリンドペースト

マメ科の植物タマリンドの実から作られるペースト。
甘酸っぱいソースに使われることが多い。フルーティー
で強い酸味とコクが特徴。

7 仙草ゼリー

仙草を煮詰めて作ったゼリー。日本でも缶詰のものが
手に入る。ほのかな苦味があり、漢方薬のような独特
の香りがある。

8 ドラゴンフルーツ

英名で「ピタヤ」とも呼ばれ、日本でもフルーツコーナーで
見かける機会が増えた。さっぱりした味わいのフルーツ。

9 カレーペースト

イエローカレーペーストがあればベトナムカレーが気
軽に作れる。グリーンペーストはエスニックフレーバー
の調味料としても使える。

10 香港玉子麺

ヨヨナムの和え麺に使用している。のびにくく、野菜
との相性が抜群の極細麺。

植松良枝

料理研究家。野菜や魚介類、果物などの食材の
旬を大切に、季節感あふれる料理を提案。自ら
の畑で多くの野菜やハーブを栽培。仕事の合間
を縫ってアジアやヨーロッパなど国内外を旅行
し、各地の食文化に触れている。2016年より
ヨヨナムの料理をプロデュースしている。著書
に『ホットサラダ』（文化出版局）、『春夏秋冬ふ
だんのもてなし　季節料理のヒントとレシピ』
（KADOKAWA）などがある。
Instagram：@uematsuyoshie

ヨヨナムのベトナム料理

2020年10月18日　第1刷発行

著者　　　　植松良枝
発行者　　　濱田勝宏
発行所　　　学校法人文化学園 文化出版局
　　　　　　〒151-8524
　　　　　　東京都渋谷区代々木3-22-1
　　　　　　TEL：03-3299-2401（編集）
　　　　　　TEL：03-3299-2540（営業）
印刷・製本所　株式会社文化カラー印刷

文化出版局のホームページ
http://books.bunka.ac.jp/
本書に関する問い合わせ先
TEL：03-5830-5011（STUDIO PORTO）
　　　受付時間　10:00〜19:00（月曜〜金曜日）

Staff

調理アシスタント　鈴木真樹江、山本真理子、
　　　　　　　　　中島由美子
撮影　　　　　　　土田有里子
スタイリング　　　岩崎牧子
デザイン　　　　　山岸蒔（STUDIO DUNK）
企画・編集　　　　柏倉友弥（STUDIO PORTO）
　　　　　　　　　平山伸子（文化出版局）

材料協力　　　　　カルディコーヒーファーム
　　　　　　　　　お客様相談室
　　　　　　　　　TEL：0120-415-023
　　　　　　　　　HP：https://www.kaldi.co.jp/

Special Thanks

ヤマモトタロヲ
ヨヨナム
住所：東京都渋谷区代々木5-66-4
Instagram：@yoyonam.tokyo